딸과 엄마가 함께 쓴 시
오늘의 할 일

딸과 엄마가 함께 쓴 시
오늘의 할 일

초판 1쇄 인쇄 2024년 11월 14일
초판 1쇄 발행 2024년 11월 30일

신고번호 제313-2010-376호
등록번호 105-91-58839

지은이 구혜진, 이해온

발행처 보민출판사
발행인 김국환
기획 김선희
편집 조예슬
디자인 김민정

주소 경기도 파주시 해올로 11, 우미린더퍼스트@ 상가 2동 109호
전화 070-8615-7449
사이트 www.bominbook.com

ISBN 979-11-6957-259-0   03810

- 가격은 뒤표지에 있으며, 파본은 구입하신 서점에서 교환해드립니다.
- 이 책은 저작권법에 의하여 보호를 받는 저작물이므로 무단 전재와 복사를 금합니다.

딸과 엄마가 함께 쓴 시
오늘의 할 일

구혜진, 이해온 시집

나의 아픔이 너의 성장에 위안이 된다면
나는 기꺼이 받아들일 것이다

추천사 (1)

❈

닮은 듯 다른 두 여자의 일상이 詩로 피어났다.
진솔한 언어와 정직한 결로
서로에게 기대어 버텨 온 시간은
알알이 고운 낱말이 되었다.

모녀의 마음을 헤아려 보며
페이지를 펼치면 이내 먹먹해진다.
아주 조금씩 차오른 삶의 소망과 서정,
그 속으로 걸어 들어가 응원하고 싶다.

용기 있게 시로 말 걸어준
모녀의 여정에 박수를 보내며
이 책이 가닿은 손길마다 온기가 퍼지길 바란다.

수필가, 독립서점 서행구간 대표 **황영경**

추천사 (2)

✤

 이 시집 『오늘의 할 일』은 엄마와 딸이 나눈 편지 같은 시들로 이루어진 특별한 이야기이다. 일상의 작은 기쁨을 바라보는 시선(詩線)은 닮은 듯 다르게 자연스럽게 교차하며 독자에게 흥미로움을 전해준다. 엄마인 구혜진은 엄마, 아내, 직장인의 삶 속에서 발견한 조용한 행복을 담아내며, 바쁜 일상 속에서도 소중한 것을 놓치지 않으려는 성숙한 시각을 보여주고 있다. 이에 대한 딸 이해온 양의 답시들은 순수한 감각과 솔직함으로 가득 차 특별한 의미나 큰 행복을 굳이 찾지 않더라도, 일상의 소소한 기쁨 속에서 만족을 느끼려는 마음이 담겨 있다.

 엄마와 딸이 주고받는 시는 단순한 글의 교환을 넘어 서로를 더 깊이 들여다보는 다리 역할을 한다. 이들 시 속에서 엄마는 딸의 순수함을 바라보며, 딸은 엄마의 깊이를 헤아려본다. 두 사람은 시를 통해 각자의 감정과 삶의 경

험을 조용히 꺼내어 놓는다. 엄마에게 시는 자신을 돌아보는 과정이고, 딸에게는 감정을 솔직히 드러내는 용기 있는 도전이었다. 이를 통해 엄마는 딸의 순수함을 깨닫고, 딸은 엄마가 겪어온 삶의 무게와 인내를 조금씩 알아간다. 서로 다른 경험과 감정의 간극을 넘어 시라는 짧은 글 속에 담긴 이야기들은 조용히 서로의 마음을 쓰다듬어 준다.

결국 이 시집은 다르지만 서로 닮은 마음을 알게 되는 과정의 서사다. 엄마와 딸의 시 '행복'과 '행운'은 이런 두 사람의 마음을 잘 나타내고 있는데, 같은 주제를 다른 방식으로 다루며 행복에 대한 두 세대의 시각을 담고 있다. 또한 두 시는 모두 행복의 발견을 주제로 하지만, 엄마의 시는 삶의 깊이를 통해 행복의 본질을 깨닫는 반면, 딸의 시는 소박한 일상 속에서 그저 주어진 행복을 담담히 받아들이는 모습을 보여준다. 세대 차이에도 불구하고 두 시가 만나는 지점은 '행복은 바로 눈앞에 있다'는 통찰이다. 행복이란 결국 곁에 있는 것들이며, 그것을 알아차리기만 하면 충분하다는 공통된 메시지를 전한다.

서로의 세상을 알아가며 사랑과 존중을 쌓아가는 과정이자, 가족이라는 이름으로 엮인 따뜻한 이야기를 담은 작은 보석 같은 본 시집을 통해 삶의 한 조각을 나누고픈 독자들은 서랍 속 노트를 꺼내어 오늘의 할 일을 적어보자.

2024년 11월
편집위원 **김선희**

목차

추천사 (1) • 4
추천사 (2) • 5

제1부. 오니(딸) 시

단풍잎 • 14
핑계 • 15
일기 • 16
하늘바다 • 17
비 • 18
목화솜 • 20
개미 • 21
여름 • 22
道禾驛 • 23
밤송이 • 24
소식 • 25
촛농 • 26
물갈이 • 27
동백꽃 • 29
미로 • 30
행운 • 31

텃밭 • 32
사랑 • 33
아인슈페너 • 34
나비 • 35
채송화 • 36
초콜릿 • 37
달력 • 38
화산 • 39
선인장 • 40
게으름 • 41
참을성 • 42
무제 • 43
기대 • 44
연기 • 45
가장 큰 선물 • 46
잠시 이별 • 47
부재 • 48
사랑을 하겠느냐 • 49
별똥별 • 51
승강장, 철도 넘어 • 53
물안개 • 54
폭풍전야 • 55
당아욱 • 57
폭염 • 58
배려 • 59
폭풍 후 • 60
돌멩이 • 61
가로등 • 62

나뭇잎 • 63
고래 • 65
저녁노을 • 66
약속 • 67
가을 소리 • 68
계절 감기 • 69
길항 • 70
과분한 생각 • 71

제2부. 지니(엄마) 시

채송화 • 74
반달 • 75
구름 • 76
間 • 77
행복 • 78
그때는 몰랐다 • 80
당신이 옳습니다 • 82
삶은 그런 것 • 84
가을 길목 • 86
슈퍼 블루문 • 87
사랑은 • 88
숨통 • 89
노을 • 90
새 (1) • 92

서행구간 • 93
바람새마을 앞에서 • 95
출근길 • 97
가을 단상 (1) • 99
가을 단상 (2) • 101
가을 소리 • 103
그때 • 104
목적지 • 106
시작 • 107
무제 (1) • 108
너 • 110
집으로 가는 길 • 111
탓 • 113
커피 한 잔 • 115
그날 밤 • 117
비둘기 • 119
비 온 뒤 • 120
새 (2) • 122
시골 간장 • 124
작별 • 126

제1부
오니(딸) 시

해변의 모래와 태양을 삼킨 바다
도망치는 구름을 바라보며 탄식한다

단풍잎

푸릇푸릇한 초록 잎사귀
언제 빨갛게 물들었나

나도 모르는 사이
어느새 나도 물들었구나

사랑은 불현듯 단풍잎같이

핑계

거칠게 대하는 것이
가깝기 때문이고

소중하게 대하지 않는 것이
익숙해졌기 때문이라면

내가 당신을 아끼지 않는 건
사랑하기 때문인가요

일기

유리관 넘어
기록의 유물을 보며

유일무이한 보물을 원했던
오래된 기억 때문일까

문득 떠오른 생각에
나를 기록한다

새록새록 떠오르는 추억과
공책 속의 짧은 기록들

나의 비망록이 가득한
내 작은 박물관

하늘바다

한여름의 뭉게구름은
파도에 이는 포말같이

하늘을 서행하는 구름과
바다를 휘젓는 파도

물이 바다를 덮듯
구름이 하늘을 덮으면

하늘은 새들의 바다일까요

비

맑은 하늘에 잔잔히 울리는 소리
들어보니 빗소리였나
구름 한 점 없이 맑은 하늘에
빗소리가 아니었나 하면
톡톡 떨어져 울리는 진동음에 비가 왔구나

무엇이 그리 부끄러운지
구름 속에 숨어있던 물방울들이
나도 모르는 새에 내게 왔구나

비야, 비야
맑은 하늘의 비야
잿빛 구름에 숨어 오는 비야
나는 네가 밉지만은 않다

비야, 비야

구름이 흘리는 눈물아
땅은 너를 기다리는구나

비야, 비야
자연의 노래야
머리칼을 훑는 빗방울에
나무도 노래하는구나

목화솜

만개한 목화솜을 바라보며

만지면 부드러울까
아니면 폭신할까

몽글몽글 피어난 하늘의 목화솜은
손에 걸리지 않을 만큼 부드럽구나

개미

이슬을 옮기고
나뭇잎을 옮기고

온종일 일하다 문득
불안이 찾아와

밟히진 않겠지
집에 돌아갈 수 있겠지

여름

뜨거운 태양과
뜨거운 공기와

매미 소리와
시냇물 흐르는 소리

뙤약볕을 피해
시원한 바람을 쐬면서도

맑은 공기가 그리워
오랜 여름이 그리워

道禾驛

복사꽃이 반길 줄 알았더니
벼들이 길을 냈구나

괜찮다 벼들아
실망치 않았다

평소에 보던 쌀이
겨 사이에 숨어들어

푸릇푸릇하기만 한데
저 안에 쌀알이 있을까

벼들이 바람에 춤추고
햇볕 아래서 쉬는 모습을 바라보며

복사꽃은 어느새 저 멀리

밤송이

뾰족한 가시 넘어
딱딱한 껍질을 벗겨내면
딱딱한 알맹이가

가시를 벗겨내고
따뜻하게 안아주면
달큰한 알맹이가

밤도 참 까다롭다

소식

꽃잎의 기억이 없는데
언제 열매가 맺혔나

기다리고 기다려도
꽃봉오리조차 보이지 않는구나

내가 꽃잎을 몰라주었니
서운해서 꽃을 피우지 않는 거니

이번엔 놓치지 않을 테니
꽃을 피워 알려주렴

꽃이 필 때까지 잎을 바라보고
꽃이 질 때까지 바라보다가
열매가 맺힐 때에서야 잠에 들 테니
부디 꽃봉오리를 보여주렴

촛농

뜨거운 불꽃에
눈물마저 녹아내려

속에 차오른 설움을
하염없이 흘러내리고 나면

어느새 고통이 멎었네

끝없이 흐를 것만 같았던
그 많은 눈물들은 증발했나

작은 호의가
너무 뜨거워서

모든 걸 흘러내린다

물갈이

작은 어항 속
부유하는 잔해들

이곳은 바다가 아니니
물이 부패되는 것을

바라보고서도 부정하며
머무르고자 눈을 감는다

낡은 물을 흘러보내야
숨을 쉴 수 있을 터인데

나는 그대로 침식되고자
하는 것이 아닌데도

변하는 것은

물일 뿐임에도

조금의 변화가
두려운 까닭은

결국은 흘려보내야 할 것을,
결국은 붙잡지도 못할 것을

동백꽃

추위에 몸을 떨면서도
겨울부터 고개를 내미네

봄이 그리도 좋을까
부지런히 꽃단장을 하는구나

동박새야, 동박새야
새들아, 새들아

만개한 꽃잎을 자랑하며
봄 내음을 뿌리고

봄이 되어서야 떨어지는
붉은 꽃송이 하나

미로

평소에 가던 길인데
뭐가 이리 복잡한지

어쩌면 나는 오늘
길을 잃을지도 몰라

아, 그럼 그렇지
또 길을 잃었다

행운

작은 토끼풀 더미
네 잎의 행운은
이 속에 숨어있나

작은 이파리 사이
세 잎의 행복은
이 앞에 가득한데

셋과 넷의 차이를
굳이 찾지 않을래

* 엄마가 쓴 '행복'이라는 시를 읽고 쓴 답시

텃밭

씨앗을 하나 심고서
정성스레 아껴주다
시간 지나 보면
왜 다 썩었니

기분 상해 가만히
울적하게 있다가

우연히 날아온 씨앗
정성스레 심어주고
시간 지나 보면
곱게도 폈네

사랑

받고 또 받아도
계속 받고 싶고

주고 또 주어도
계속 주고 싶고

화보단 잠깐의 짜증이
분노보단 짧은 동정이

기다림과 인내와
진심 담은 응원을

믿음과 애정의
사랑 담긴 축복을

아인슈페너

쓰디쓴 검은 심해
달디단 밝은 바다

바다를 들이켜 보니
저 아래 검은 심해가

금세 바닥을 보인 잔
아쉽게 바라만 본다

나비

곤충은 싫어하는데
나비만은 조용히 바라본다

팔랑거리는 화려한 무늬
얇고 단아한 날개

꽃잎 위에 앉아있다가
시선을 눈치챘는지 도망가 버렸네

시무룩하게 꽃을 바라보다가
꽃잎 사이 숨어있는 나비를 발견하면
숨을 죽인 채 바라본다

채송화

새조차 몰랐던
바람만이 아는 사이에

화단에 자리 잡아
조용히 꽃을 피운 채송화

계절이 지나면 언제나
바람을 타고 찾아오는 채송화

너무 조용히 찾아와
바람이 내게 준 선물 같아

초콜릿

은은하게 달고
적당히 달고
이가 썩을 것같이 달고

쌉쌀하게 달고
적당히 쓰고
뱉어내고 싶을 듯이 쓰고

이런들 저런들
뭘 어찌해도
본질은 초콜릿

달력

이 많은 날을 어찌 보내야 하나
이 많은 날이 어찌 이리 빨리 지나가나

이 적은 날을 어찌 보내야 하나
이 적은 날이 어찌 이리 느리게 지나가나

오늘의 해는 어느새
저 멀리 흩어지고

시간이 날 기다려 준다면 좋을 텐데
기다려 주질 않는다

화산

뜨겁게 달궈지던
울분을 터트리면

꽃도 나무도
아무것도 남아있지 않아

주변을 둘러보니
잿더미들이 반겨주고 있네

재를 바란 게 아니었는데
꽃을 바랐는데

모든 걸 망쳐버렸나
까맣게 굳은 마음에

울다가 발견한 것은
돌 위에 피어난 작은 새싹 하나

선인장

혼자만의 시간이 필요해

나는 햇빛으로 충분하니
많은 물을 주지 마세요

가시에 찔릴지도 모르니
부디 만지려 하지 말아요

조금만 더 기다려 줘요
고작 며칠만 보여줄 테지만

꽃을 틔우면 봐줄래요
소중히 여겨줄래요

게으름

미루고 미루다가

참을성

봇물 터지듯 쏟아질 것만 같은 감정을
언제쯤 다스릴 수 있을까

익숙해지면 달라질까,
참지 말까 했다가도

참자, 이번만 참자

무제

불안은 사과 같은 것
맛있는 사과를 먹으려다
씨앗이 두려워 먹지 않는 것

분노는 칼날을 쥐는 것
내 감정을 표출하려다
나도 그와 함께 상처받는 것

희망은 과실 같은 것
탐스런 과실을 바라보다
먹고야 말겠다는 의지를 불태우는 것

사랑은 손잡이를 쥐는 것
닫힌 문을 바라보다
마침내 용기 내어 열고야 마는 것

기대

달팽이가 치타처럼 달리길 바랐구나
개미가 거미줄 뽑길 바랐구나
열매가 썩지 않길 바랐구나
꽃이 시들지 않길 바랐구나

정말 헛된 것을 바랐구나

연기

물에 물감을 풀듯
하늘에 연기를 풀어
잿빛 연기를 풀어

매캐한 공장 연기
달리는 자동차의 매연

물감 풀린 물처럼
공기도 탁해져 간다

가장 큰 선물

가슴속에서 빠져나간 무언가
깃털처럼 가벼워진 발걸음으로

모든 것이 아름다워 보여
입꼬리가 절로 올라가

그 얘기를 할 때마다
심장이 막 두근거려

잊고 있다가도 다시 떠올리면
정성스레 먼지를 닦는다

내 보물, 내 모든 것

내게 가장 큰 선물

잠시 이별

전전긍긍하며 불안에 시달리던
과거의 감정을 바라보며

곁에서 떠나는 게 아니다
잠시 잠을 자는 것뿐이라

내 곁에 없는데
그것이 무슨 소용이랴

그랬었지

부재

있을 땐 게으르더니
없으니 부지런하냐

보고 싶어 발 동동 구르고
무슨 일이 생기기라도 한 걸까

잃어봐야 소중함을 아는 건
변하질 않아

평소에나 잘 대해주지
답잖게 특별 취급

그깟 부재가 뭐라고

사랑을 하겠느냐

사랑을 가볍게 내뱉지 마시오
사랑하지 않으면 사랑을 말하지 마시오

네 사랑의 정의는 너무나 각박하다
그리하여 너는 사랑을 했느냐
그리 묻는다면

아니요
내 속엔 사랑이 없습니다

갈급하면서도 사랑하지 못할 것이라면
사랑의 정의를 바꾸는 것이 어떠하냐

아니요
내 사랑은 변하지 않습니다

그리하여 너는 사랑할 수 있겠느냐
그리 묻는다면

예
사랑할 때까지 끝없이 갈구할 겁니다

베푸는 것조차 하지 못한다면
받는 것은 어찌하겠습니까
해본 적 없는 것은 아득하기만 하니
내가 먼저 사랑해 보렵니다

별똥별

별이 하늘에 비처럼 내릴 거라고
지나가다가 들은 소식에
밤하늘을 하염없이 올려다본다

바람이 지나간 자리엔 구름이 남는다죠
용은 하늘 끝자락에 도착했는데
허물을 공중에 남겨두고 가버렸네

거둘 수조차 없는 천막이 별들을 가렸으니
고개를 치켜들고 눈을 번쩍 떠도
어찌할 도리가 없다

보이기 부끄러워 겹겹이 쌓인 삼베 뒤에 숨어있니
필히 떨어진다고 했는데, 어찌 내게 보여주질 않아

멍하니 바라보고 있으니

검은 하늘에 하얀 빗방울이 내렸다
반짝거리는 찰나의 빛을 보았다

도심에서 별을 눈에 담는다는 것

화려한 보석 동굴을 원했지만
암석 속에 숨은 보석만 발견했다

그래도, 그마저도 좋다

승강장, 철도 넘어

울창한 나무 넘어
구름 퍼진 하늘
저 뒤엔 뭐가 있을까

산도 건물도
하늘 외엔 보이지 않는데
저 너머엔 무엇이 있을까

꽃이 있을까
저 나무 너머엔
세상의 끝이 있을 것 같아

물안개

비가 오나
뿌연 하늘에 손을 뻗어보면

구름인가
수분기가 느껴지는 손

안개구나
하늘 입김이 오래도 간다

물안개구나
새벽안개에 맑게 숨 쉰다

폭풍전야

하늘이 미쳤나 보오
하늘에서 해변가가 보이오

작은 생물들은 피난 가고
구름은 모래사장처럼 빛나는 것을 보아하니
큰 바람이 오겠구나

폭력적인 햇빛이 가고
풍랑이 몰려오니
전처럼 쉬이 보내진 못하겠구나
야전(夜戰)이 오는구나

밤을 쉬이 보내진 못하겠구나
하늘을 만끽하지만은 못하겠구나

아리따운 모습으로 경고하니

하늘이 시간을 빨리 감는구나

해변의 모래와 태양을 삼킨 바다
도망치는 구름을 바라보며 탄식한다

하늘이 미쳤나 보오

당아욱

화려한 꽃잎이 마르면
청옥빛으로 물들인다는 소문

뜨거운 물에 보랏빛 꽃잎 몇 장
투명했던 물은 푸른 호수가 되고

노란 과즙 몇 방울 떨구니
꽃잎은 색을 잃었네

청옥빛 물이 아니라
분홍빛 눈물이었구나

꽃잎이 화려하더니
눈물조차 아리땁다

폭염

습하다 습해
찜통 속 만두가 된 것 같다

익는다 익어
태양빛에 피부가 익는다

뜨겁다 뜨거워
바람까지 팔팔 끓었다

그늘에 들어가니
뜨거운 바람도 버틸 만하다

배려

차가운 얼음에 미지근한 물을 부으면
깨진 유리 같은 민들레 홀씨가 핀다

가만히 있으면 바뀌는 게 없고
결국 씨를 흩뿌려야만 꽃이 피니까

미간 찌푸리고 시원해질 바엔
깨진 유리처럼 녹아내릴 바엔
나지 않을 씨앗을 틔울래

살아남을 씨앗이 하나뿐이라도
꽃을 틔울래, 씨를 흩뿌릴래

찌푸려진 미간도,
깨진 유리도 아닌,
얼음 사이엔 민들레 홀씨가 핀다

폭풍 후

폭풍이 지나갔으니
풍랑은 한동안 오지 않겠구나
다시 오려거든
후진해 주라

돌멩이

돌멩이가 되고 싶다
아무도 신경 쓰지 않고
굴러다니며 사는 조약돌

조용히 살다가
서서히 바스라지다가
바람에 흩어지고 싶다

가로등

칠흑 같은 심야에
밝게 비추는 가로등

길을 알려주는 그대,
그댄 가로등이요

길이 밝아졌는데
가로등에 홀렸나

발걸음이 떨어지질 않아
제자리를 맴돌기만 하네

하루살이도 불빛에는 홀린다더니

나뭇잎

나뭇잎이 싫다
어차피 떨어질 것이 아니냐

푸릇푸릇한 이파리 보여줘도
마음 주지 않을 테다
또다시 떨어질 것이 아니냐

결국은 꽃잎을 틔운대도
떨어지는 잎이 슬픈데
너는 어째서 변하는 것이냐

떨어져 밟힐 잎이 싫다
썩어 흩어질 잎이 싫다

결국 변할 거라면
마음 주지 않을 테다

성장하는 과정이라 하더라도
망가지는 모습이 슬픈데
너는 아파야 크는구나

나는 널 말릴 수 없으니
부디 꽃잎을 틔워라

꽃잎이 떨어진다 하더라도
부디 잎을 틔워라

고래

살아 숨 쉬길 원하여
하늘을 향해 몸을 뻗는다

공기층을 향해 올라온 순간
뜨거운 태양빛이 반긴다

숨을 갈망하고
밝은 태양을 사랑하면서도

피부가 말라버릴까 두려워
성급히 공기를 들이마시고

다시 깊은 바닷속으로
빛이 찾지 못할 곳으로

별들이 수놓아질 시간에
후회하며 해를 그리워한다

저녁노을

잿빛 먹구름과 푸른 하늘
보랏빛의 얇은 구름 이불

맑은 구름이 햇빛을 받아
주홍빛에서 선홍빛으로

어느새 사라진 감빛 구름에
아쉬워 바라만 본다

약속

어두운 밤하늘의 별빛 사이
눈에 들어온 하나의 천체

내 그대에게
꽃 한 송이 주리이다

넓디넓은 하늘과
검은 장막 사이 숨어든
모래알처럼 작은 빛

작은 빛조각아
저 너머의 별아

내 그대에게
못다 핀 꽃 한 송이 주리이다

가을 소리

벼가 흔들리는 소리
단감 떨어지는 소리

책장 넘기는 소리
나뭇잎 바스라지는 소리

은행 떨어지는 소리
단풍이 붉어지는 소리

계절 감기

마음이 간지러운 것이
꽃가루가 날리나
눈 깜빡했다 봄이 오고

몸이 가려운 것이
뙤약볕이 세구나
봄 내음 맡으니 여름이 오고

코가 따가운 것이
계절이 바뀌려나
하늘 보니 가을이 오고

몸이 시린 것이
바람이 차구나
자리에 누우니 겨울 온다

길항

행복과 아픔이 길항하고
행복했다 아프고 또 행복했다 아프고
또다시 반복되고

무력감과 효능감이 길항하고
무력감에 넘어졌다 효능감에 일어섰다
또다시 넘어지며

무료함과 즐거움이 길항하고
무료함에 놓아버리다 즐거움에 되찾고
또다시 내버린다

감사와 불만이 길항하고
순간의 감사 순간의 불만
또다시 감사한다면

* 길항(拮抗) : 비슷한 힘으로 서로 버티어 대항함

과분한 생각

나는 네가 너무 싫었어
너는 나를 생각하는데
나는 너를 생각하지 않잖아

나는 네가 너무 미웠어
나는 너를 생각하는데
너는 나를 생각하지 않잖아

그래서 네가 싫어
그래서 내가 미워

제2부
지니(엄마) 시

눈물 바람 머금으며 조용히 기다리다 보니
어느새 가만히 곁으로 와 머리칼을 쓰다듬는다

채송화

매년 우리 집 창가
작은 화단에는 채송화가 핀다

어느 날,
아침 눈 떠보니
심지도 않은 조그만 이파리
살포시 고개 내민다

초록 손가락 사이로
노랗고 빨갛게 영그는 햇살

나에게
찾아와 줘서
고맙다

반달

소나기 그친 밤하늘에 걸린
말간 반달

언제 그리 퍼부었냐는 듯
무심히 걸려있다

늘 그 자리에 있어
쉬 알아채지 못하고
지나쳐 버렸던 일상들

퇴근길
따라오는 달빛에
감사의 마음 한 조각
올려보낸다

구름

장마 끝난 하늘 자락에
뭉게구름 피어났다

어릴 적
저 폭신한 구름 위를 걸어 다닌다면
얼마나 신날까 하는
상상을 종종 했다

누가 빚어도 만들어 낼 수 없는,
새하얀 잿빛의 조화

한 움큼 손으로 떠다가
그대 지친 발
닦아주고 싶다

間

그대와
함께 하는
이 시간

그대와
함께 있는
이 공간

그 사이에 있는
수많은 관계들

모두가
소중한 추억이다

나를 있게 하는
역사이다

행복

행복은
그런 것

한숨의 골짜기 지나
끝 모를 적막 속에서
어느 날 문득
내 곁에 있는
소중한 것들

눈물 바람 머금으며
조용히 기다리다 보니
어느새 가만히
곁으로 와
머리칼을 쓰다듬는다

행복은

그런 것

알아차리기만 하면
되는 것을

그때는 몰랐다

그때는
몰랐다

이렇게 되리라고는

불안에 싸여
한 발자국 딛기가
지옥문 들어가는 고통인 듯

분노에 휘둘려
주체하지 못하고 울부짖는
한 마리 짐승인 듯

얼마나 지났을까

그때의

너는 오간 데 없고

부드러운 눈빛
다정한 말투
배려의 손길

그때는
정말 몰랐다

이렇게 변하리라고는

당신이 옳습니다

당신이
옳습니다

스쳐 지나가는 차창 밖 풍경같이
들길 가다 마주친 이름 모를 야생화같이
번개처럼 번쩍하고 사라지는
구름 사이 지나가는 한 조각 바람같이
고개 한 번 내밀고 사라지는 행복일지라도

당신이
옳습니다

고통의 자리에서
아우성치며 탄식할 때도
순간순간 나를 단련하시는

당신은,

언제나 옳습니다

삶은 그런 것

짙푸른 녹음
나뭇잎 사이로
반짝이는 햇살

아름드리나무 그늘 아래
조용히 눈감고
바람을 느낀다

생은 이다지도
처절한 것을

고통 속에 비명을 질러도
쉬 누그러지지 않는 통증들

삶은
늘 그런 것이다

기쁨과 슬픔,
희망과 절망의 변주 속에

순식간에 사라지는
한 조각 바람인 것을

가을 길목

낮게 드리워진
잿빛 구름 아래
나무 터널 사이로
후두둑 떨어지는 빗소리

끝나지 않을 것 같았던
뜨거운 여름은
어느새 풀 죽어 있고

아침저녁 노래하는
풀벌레 소리에
가을은 이미
저만치에서
모퉁이를 돌고 있다

슈퍼 블루문

오늘 만나지 못한다면
십사 년을 기다려야 한다지

초저녁 아무리 둘러보아도
보이지 않더니

늦은 밤 산책길
바람결 따라 올려다본 하늘
어느새 머리 위에 걸려있구나

헤어지기 아쉬워
자꾸만 따라온다

나도 놓치기 싫어
계속 쳐다만 본다

사랑은

사랑은
경계를 넘어서는 것

아무 때나
어디서나
조건 없이
받아들이는 것

그리하여
너와 내가
비로소
하나가 되는 것

숨통

답답하고
자책할 것밖에 없는
도망갈 수도 없는
도망갈 곳도 없는
그냥 그런
보통의 삶

가을하늘
한 번 쳐다보고
그 푸르름에
큰 숨 한 번
내뱉어 보니
숨통이 트인다

노을

낮 동안
치열하게
살았다

맹렬히
타오르던
태양은

해거름 녘
발간 숯으로
변하고

핏빛으로
물든 하늘

뜻밖의

선물처럼

오래도록

간직해 본다

새 (1)

구름바다를 노 저어
푸른 하늘에 다다랐다

끝없이 펼쳐진
운해 위에
밝은 햇살이
눈부시다

저 아래
아득히 보이는
가을 산과
성냥갑 같은 건물

나는
한 마리
새가 되었다

서행구간

그곳은
시간이
천천히
흐른다

그곳은
어두운
밤바다를
비추는
작은 등대

갈 곳 잃어
방황하는
수많은
사람들에게
조용한

안식처요
쉬어가는
나무의자
같은 곳

푸근한 주인장의 마음과
따스한 온기의
찌아차 한 잔

그곳은
모든 것이
천천히
흐른다

바람새마을 앞에서

이름이 예뻐서
찾아간 그곳

나부끼는 바람 대신
분홍 안개 가득한
너른 꽃밭

오십이 훌쩍 넘은
중년의 남자
나무 의자에 앉아
사진 한 컷 담는다

살아온 세월만큼
주름진 눈가와
나온 뱃살이
그리 밉지만은 않다

바람이
머무는 그곳
편안한 마음 한 자락 담고
집으로 돌아온다

출근길

비 온 뒤
갑자기
겨울이 와버렸다

어젯밤
폭풍우 치던 비바람은
오간 데 없고

눈이 시릴 만큼
푸른 하늘만 속절없이
서럽다

두꺼운 외투 입고
총총걸음으로
집을 나선다

무표정한 사람들 사이로
지하철 창문 가득
쏟아지는 햇살 한 움큼
손에 쥐고

또,
하루를 시작한다

가을 단상 (1)

출근길
지하철 계단을
개미 떼처럼
새까맣게 올라간다

출구 구멍을 찾아
분주하게 움직이는 발걸음들

커다란 상자 속으로
사라지고 나면
나뒹구는 낙엽 사이로
차가운 바람 스산하게 불고

남은 두 장의 달력 넘기며

아,

오늘도 살아남았구나
안도의 한숨을 내쉰다

가을 단상 (2)

시간과 계절이
천천히 스쳐 지나간다

아침저녁으로 부는
서늘한 바람에
이미 가을은
내 마음속에
충만하다

하나 둘
떨어지는 갈색 나뭇잎에
내 묵혀둔 숙제도
이젠 떠나보낸다

구름 한 점 없는 하늘 아래
삶과 죽음이

연결되어 있음에
감사한 하루다

가을 소리

해거름 녘
동네 야트막한 산속은
의외로 시끄럽다

환한 등 아래
톡톡 테니스공 튀는 소리
헤어짐을 아쉬워하는
놀이터 아이들의 왁자지껄한 소리
개 산책 나온 어르신들의 나지막한 소리
가을밤 풀벌레 찌르르르 노래하는 소리
사각사각 낙엽 밟으며 걷는 소리

모두가 정겨운
가을의 소리

* 동네 산 놀이터에서 운동 중에

그때

가슴 짓누르는
무거운 돌들이
하나 하나씩
쌓여만 가던 그때

알 수 없는
심연 속으로
자꾸만
아래로 아래로
숨어들고 싶던 그때

졸린 눈 비비며
내키지 않은 길을
따라나서던 그때

보라문 앞에서

수없이 망설이며 원망하던 그때

용기 내어 들여놓은
한 발

어둑해진 이 밤에서야
너는 콧노래를 부르며
묵은 돌을 치우기 시작한다

목적지

아침 일찍 퇴촌 가는 길
산허리에 걸린 옅은 구름이
한 폭의 수묵화 같다

흐르는 물처럼
차량의 행렬은 끝없고
다들 어디를 향해
가는 것일까

저마다의 목적지는 다르지만
우리의 종착역은
결국 한 곳이다

훗날 마지막 숨을
내쉴 때
기쁨으로 다음을 향해
나아가리라

시작

창틀에 더께처럼 쌓인
검은 먼지를 닦으며
내 마음의 때도 닦아낸다

믿었던 모든 것이
무너져 내릴 때
알고 있던 것들이
허상으로 다가올 때
그동안 쌓아왔던 것들이
장망성처럼 보여질 때

먼지를 닦듯
깨끗이 비워낸다

그래,
다시 시작이다

무제 (1)

그것은
너의 힘이 아니었다

어둡고 긴 터널 속에서
떨고 있는
한 마리 짐승

누군가
네 손 잡아
일으켜 세웠다

거부할 수 없는
강렬한 조우

너는
이제야 안다

그 빛이
너를 살렸음을

그것을 떠나
한순간도 살 수 없음을

너

나의 아픔이
너의 성장에 위안이 된다면
나는 기꺼이
받아들일 것이다

아침 커피 같은
뜨거운 한낮 냉수 같은
영글은 한 알 사과 같은

그런 사랑을
나눌 수 있는
너

너는
그런 사람이다

집으로 가는 길

집으로 돌아가는 길
너는 부쩍
수다가 많아졌다
아침과 사뭇 다른
너

오솔길 걸으며
가을 햇살 받으며
갈대숲 데크를 지나
경안천 습지를 천천히 걸었다

시원한 찌아차 한 잔이 주는 달콤함과
잔잔한 음악 속 위로의 말들

이젠 껍질을 깨고
나 자신과 마주할 시간이다

어둠이 내려앉은
도로 위에는
빨간 미등이
줄지어 지나가고

달은
산허리에서 나올 준비를 한다

탓

무엇이 그리
힘들었더냐

마음 쉴 곳 없어
허무한 것에
그리 빠져들었더냐

어느 순간
정신 차려보니
그것은 찰나의 쾌락
가슴에 생채기만 남아

난 너를
미워하지 않으련다

기댈 어깨가

되어주지 못한
내 비좁은 마음을 탓하련다

커피 한 잔

오늘은 연차다

오전에 가기로 한 센터는
결국 가지 못하고

혼자 점심을 차려 먹는다
설거지를 마치고
나갈 채비를 한다

커피 한 잔이
간절해지는
비 오는 가을 오후

향긋하면서 묵직한 맛
검은 액체 사이로
스며드는 평온함

그래,
이 맛이다

그날 밤

누름돌이
하나씩 하나씩
가슴에 쌓여만 갔다

그는
기억이 없다고 했다
그날 밤의 일이

무릎 꿇고 눈물 흘리며
두 손 모아 빌던
그 치욕스런 밤의 순간이

나는
이토록 또렷한데
아무 기억이 나지 않는다고 했다

흔들리는 눈동자
혼잣말을 내뱉으며
그럴 리가…

추적추적 비 오는 밤거리
우산을 받쳐 들고
터덜터덜 걸어간다

이제 그만,
그만하면 됐다

비둘기

스산한 바람
비에 젖은 검은 아스팔트
낙엽은 뒹굴고

길가 놓인
음식물 쓰레기통 위에
일곱 마리 비둘기가 앉아있다

노란 비닐봉투를
연신 쪼아대는 조그만 부리
아침 식사 중이구나

내 가슴 깊숙이
숨어있는
찌꺼기도
같이 쪼아서 없애줄래?

비 온 뒤

가을비
내린 뒤
공기가 차갑다

하늘은 맑은데
가을이 빨리 떠나버릴 것 같아
조바심이 난다

아직은 푸른 잎사귀
사위어 가는 나뭇잎
조금만 더 버텨주기를

서늘한 기운에
두툼한 외투 속
움츠린 몸뚱어리

오늘도
살아있구나

새 (2)

나를
네 속에
가두지 말아줘

지난 세월
나에겐
너무 큰 새장이었어

날이 갈수록
빛을 잃고
파리해져 가는
어린 새

드디어

움츠린 날개 펴고

가는 다리 곧추세워

빗장 풀고

날아간다

시골 간장

마지막
한 방울까지 털어
저녁에
나물을 무쳤다

고소한
고춧잎나물

재작년 늦가을
몇 년간 병상에 계신
시어머니가 떠나셨다

장례를 마치고
시골집에 모인 식구들
한 광주리 고춧잎을 따
나물을 무쳤다

십 년도 더 넘은
손수 담그신 진한 간장

더 이상 맛볼 순
없지만

따스한
어머니의 손길
시골 간장은
피와 살이 되었다

작별

이젠
떠나보내야 할
시간이다

하늘은
저다지도 푸른데

초점 없이
허공만 바라보다
정신을 차린다

내가 알고 있던
너는
진실이
아니었다

철옹성 같은
막막함에

또 한 번
무너져 내리고

더 이상은
아파하지 않을 테다

시원한
바람 한 조각
빛난 햇살 한 움큼

이것으로
충분하다